AF410919

AVENIR FINANCIER

DE LA

TUNISIE

AVENIR FINANCIER

DE LA

TUNISIE

PAR

EDMOND OUTREY

Membre de la Société de Géographie de Paris

———⋙⟶⟵⋘———

PARIS

AUGUSTE GHIO, ÉDITEUR

PALAIS ROYAL, 1, 3, 5, 7, GALERIE D'ORLÉANS

—

1879

AVANT-PROPOS

Il y a deux manières de s'enrichir, pour les Etats, aussi bien que pour les particuliers : le vol et le travail. Et nous entendons par vol tout ce qui est le produit de la fraude : comme l'escroquerie, le pillage, la rapine, c'est-à-dire l'emploi de la ruse ou de la force ; de même que nous entendons par travail tout ce qui est le produit des efforts honnêtes et avouables de l'homme, soit de son corps, soit de son intelligence, pour se procurer les choses nécessaires à sa nourriture, à son entretien, à son bien-être.

Les nations font les choses plus en grand, et voilà tout ; mais, au fond, c'est exactement semblable. Que ce soit un homme qui avec effraction s'empare du coffre-fort d'un citoyen, ou par la ruse vide sa bourse dans la sienne ; ou que ce soit un navire, une armée, une nation qui s'empare par la violence du trésor d'une ville ou d'un état, ou par la ruse lui enlève ses richesses, — en définitive c'est identiquement le même procédé et le même résultat.

Jusqu'au traité de Vienne, et l'on pourrait ajouter jusqu'à la conquête de l'Algérie par les armées françaises, la Régence de Tunis a employé la première façon de s'enrichir ; depuis cette époque elle essaye de se servir de la seconde : c'est à nous qui l'avons obligée à abandonner les méthodes déshonnêtes d'emplir sa caisse, à l'aider à marcher dans cette nouvelle voie ; à lui indiquer les moyens les plus propres à persévérer dans cette honorable résolution, dont la mise en pratique est si nécessaire aux nations européennes, qui ont des intérêts considérables engagés avec ce petit pays.

Nous partagerons donc cette étude superficielle en deux parties : *Les moyens employés par la Régence avant le traité de Vienne et la conquête de l'Algérie afin de se procurer l'argent indispensable à cet état pour vivre et prospérer ; et les mesures indispensables à prendre par cette nation, depuis cette époque, pour exister, satisfaire à ses engagements et se libérer de la charge qui pèse actuellement si lourdement sur son gouvernement.*

I

Des moyens employés par la Régence pour se procurer de l'argent avant le traité de Vienne et la conquête de l'Algérie

Comme tous les états barbaresques, le gouvernement tunisien trouva plus facile et plus commode de recourir au vol, au pillage, au brigandage pour se procurer de l'argent, qu'au travail.

Possédant un grand développement de côtes, de près de 600 kilomètres, ayant un port, la Goulette, où les corsaires pouvaient se mettre à l'abri de toute atteinte des flottes ennemies, la Régence devait plus que tous les autres états du littoral africain recourir au pillage des navires marchands, pour subvenir à ses besoins.

Aussi, voyons-nous ce petit état, en guerre avec toutes les nations civilisées, établir la course en grand et vivre des déprédations que ses navires opéraient sur le commerce européen ; — ce qui lui procurait plusieurs sources de bénéfices, dont quelques unes étaient immenses et pour ainsi dire inépuisables.

Ils vendaient les marchandises saisies et conduisaient les prisonniers faits sur les vaisseaux étrangers dans leurs bagnes ; — et pour racheter leurs nationaux ainsi pris, contre le droit des gens, les nations catholiques étaient obligées de consentir de lourds impôts, qui sous forme de patentes, de présents, etc., venaient grossir le trésor du Bey de Tunis.

Peu scrupuleux sur les moyens, quand les besoins d'argent pressaient, on faisaient naître un différent entre une nation avec laquelle on avait précédemment traité, et qui ne pouvait recouvrer la paix que par une nouvelle contribution. — C'est ainsi que Hamouda Pacha envers la nation espagnole, sans cause, dit M. Alphonse Rousseau, dans ses *Annales Tunisiennes* [1], « ne recula pas devant une mesure des plus graves, en faisant arrêter un jour, au mépris de la foi des traités et sans déclaration préalable d'hostilités, puisque le pavillon national continuait de flotter sur la maison consulaire, plusieurs espagnols, qui furent aussitôt conduits au bagne. Tout le monde, à Tunis, s'attendait à ce que cette violation flagrante du droit des gens provoquerait des mesures de réparation de la part de la cour de Madrid ; et, en effet, on ne tarda pas de voir arriver dans les eaux de la Goulette une division espagnole, chargée d'appuyer les réclamations du Consul. Mais, malheureusement, le commandant de ces forces navales n'avait ni les instructions, ni les moyens de commencer les hostilités; de sorte qu'il dut repartir, peu après (juillet 1802), sans avoir rien obtenu du Bey, qui déclara ne vouloir entrer dans aucun pourparler avant qu'il n'eût reçu la réponse à la lettre qu'il avait directement écrite au roi. Cepen-

1. Page 241.

dant la situation était trop tendue et ne pouvait se prolonger davantage. Après avoir longtemps examiné la question, la cour de Madrid, convaincue qu'elle ne vaincrait point l'obstination du Bey, ayant, d'ailleurs, à s'occuper de complications plus sérieuses et ne voulant pas, dans ces circonstances, s'attirer sur les bras une guerre avec la Régence, résolut de faire des concessions. Sur les plaintes du Bey, sans doute, le consul d'Espagne, Don Buzaron, fut rappelé à la fin de 1802, et remplacé plus tard, en août 1804, par M. Segui, qui arriva à Tunis chaudement recommandé à notre consul général Beurnonville, envoyé extraordinaire de la République à Madrid. Le gouvernement espagnol ne comprit malheureusement pas que cette mesure aussi impolitique qu'elle décélait chez lui une faiblesse regrettable, allait raviver l'orgueil du Bey et l'engager à oser encore davantage. Moyennant le paiement de 80,000 piastres fortes et la remise de dix Chebecks de 26 canons, et des présents qui avaient été refusés de son prédécesseur, M. Segui obtint la mise en liberté des *trente espagnols retenus aux travaux publics depuis plusieurs années*, le rétablissement des bonnes relations entre les deux gouvernements et la renonciation, de la part du Bey, à toute prétention ultérieure. »

Ce n'est pas qu'avec les espagnols que la régence en agissait ainsi, les italiens, les danois, les hollandais, les suédois, etc., étaient obligés de passer sous ses fourches caudines et n'obtenaient la liberté du commerce dans les mers d'Orient qu'à prix d'argent.

« M. Ayrel, dit toujours le même auteur [1], était chargé d'offrir au Bey les présents que la cour de Stockholm était tenue de faire, à certaines époques, au gouvernement de Tunis.

Il avait, en outre, pour mission d'entrer en négociation avec le prince, pour obtenir qu'à l'avenir, la Suède pût s'acquitter en argent de la contribution triennale qu'elle payait à cette régence, et qui consistait en fournitures nécessaires aux chantiers et à l'arsenal de la Goulette, ainsi qu'en munitions de guerre. Le présent que M. Ayrel venait offrir, cette année, se composait, de 44 pièces de 24, de 4,000 boulets, d'une grande quantité de planches du Nord, de câbles, cordages, toile à voiles, fer, poudre, armes, etc. L'ensemble de ces présents pouvaient avoir une valeur de 75,000 piastres fortes d'Espagne. Le gouvernement de la Régence, dont la politique consistait à élever de plus en plus ses prétentions à l'égard des puissances qui consentaient à acheter une paix douteuse au prix de l'humiliation d'un tribut, mit beaucoup de difficulté à accepter les présents de la Suède, prétendant que cette fois ils étaient d'une valeur infiniment moins importante que ceux offerts antérieurement. Cependant, après quelques jours de négociation, le cadeau *consulaire*, cadeau spécial qui se composait de bijoux et d'armes de luxe, ayant été accepté, grâces aux objets précieux qu'on y avait ajouté, l'envoyé de Suède put, enfin, surmonter les premiers obstacles qui lui furent opposés. Mais, quant à la

1. Annales tunisiennes, p. 296.

seconde partie de sa mission, la conversion en numéraire, des présents que la Suède devait envoyer tous les trois ans à la Régence, M. Ayrel dut renoncer à la mener à bonne fin. »

La Hollande, elle, obtint la sûreté de son commerce moyennant une somme de 500,000 francs.

La France elle-même, n'obtint la paix que bourse en mains ; elle dut pour racheter 55 Corses, esclaves à Tunis, verser 100,000 écus entre les mains du Bey.

Aucune occasion n'échappait à ce nid de vautours ; une nation nouvelle naissait-elle à la civilisation, vite elle devait sous peine de voir ses navires enlevés, son commerce anéanti, ses nationaux traînés en esclavage, payer une redevance à la Régence.

Les corsaires tunisiens faisaient un mal considérable à la jeune république des Etats-Unis. « Le gouvernement de Washington [1] résolut de mettre un terme à cette fâcheuse situation, en négociant un traité de paix avec Tunis. Cette mission fut confiée à M. Goël Barlow, consul général d'Amérique à Alger, qui chargea un sieur Etienne Famin, négociant français à Tunis, d'entamer dans ce but des négociations avec Hamouda Pacha. M. Famin, qui jouissait d'un certain crédit sur l'esprit du Bey, se mit aussitôt à l'œuvre et, après de nombreuses discussions, parvint à faire accepter au prince, un projet de traité, bien qu'il n'eût reçu, à cet égard, aucune instruction précise du gouvernement d'Amérique.

1. Annales tunisiennes, p. 236.

Lorsque ce traité fut soumis au cabinet de Washington, l'examen qui en fut fait et particulièrement en ce qui regardait les articles 11 et 14, détermina de sa part un refus de ratification. De nouvelles négociations furent ouvertes ; elles trainèrent jusqu'en mars 1799, époque où un nouveau projet préposé par des plénipotentiaires spéciaux, MM. Richard O'Brien, William Eaton et le major James Leander Cothcart, fut définitivement signé. Voici à quel prix le gouvernement des Etats-Unis acheta cette paix : Somme payée à la Régence, 50,000 dollars ; services secrets du Sahab et Taba, ministre du Bey, 8,000 ; 28 canons de 12 , 14 de 8 ; 10,000 boulets ; 300 quintaux de poudre et 400 quintaux de cordages, représentant ensemble une valeur de 25,000 dollars environ ; cadeaux divers en bijoux, 10,000 ; frais extraordinaires, 4,000. — Soit un total de 97,000 dollars environ. » Par le traité du 26 avril 1816, la Toscane rachetait tous ses nationaux faits esclaves avant le dit traité moyennant 300 piastres d'Espagne par tête.

Mais la Régence ne se contentait pas de s'emparer des navires européens, pour s'en approprier les marchandises ; et en rendre les passagers et marins esclaves, soit pour les faire travailler à son profit ou les rendre à leur nation respective moyennant une rançon d'autant plus forte, que le pays auquel ils appartenaient était moins puissant ou plus riche ; quand les navires manquaient et que les besoins d'argent se faisaient impérieusement sentir ils s'abattaient sur un village riverain de la Médi terranée, pillaient les demeures des habitants, emmenaient ceux-ci en esclavage, et ne les rendaient à leur famille et à leur patrie que moyennant de fortes sommes d'argent.

C'est encore dans l'excellent ouvrage de M. Alphonse Rousseau, ancien consul de France à Tunis, que nous puiserons la preuve de ce que nous avançons :

« Pour mettre à profit les armements que la Régence avait préparés depuis longtemps en vue d'une reprise des hostilités avec la flotte algérienne, armements qui restaient sans emploi depuis quelque temps, le Bey donna ordre à huit de ses corsaires de prendre la mer sous le commandement supérieur de Moustafa Raïs, pour aller tenter quelque coup-de-main sur les côtes d'Italie [1]. Cette division ne s'acquitta malheureusement que trop bien de la mission dont elle était chargée.

En quittant le port de la Goulette, Moustafa Raïs n'avait aucun plan de campagne arrêté. — Après avoir tenu la mer pendant près de six semaines et tenté, sur différents points de la côte d'Italie, plusieurs descentes infructueuses, il résolut de faire un dernier appel à la fortune, et vint mouiller avec tous les navires dans la baie de Palma, en Sardaigne, en face de l'île St-Antioche. — Voulant tirer profit de la panique qu'avait causée son apparition inopinée dans ces parages, il mit aussitôt à terre les troupes de débarquement, qui commencèrent immédiatement l'attaque et montèrent à l'assaut du Château. Revenus de leur surprise, les habitants de l'île opposèrent une résistance héroïque, mais

1. Annales tunisiennes, p. 305.

payèrent cher l'avantage qu'ils eurent de forcer les Tunisiens à se rembarquer ; 158 habitants furent emmenés en esclavage. On comptait au nombre des captifs huit mères de famille et une charmante jeune fille de 15 ans, sœur de l'infortuné commandant du fort, qui avait perdu la vie en se défendant bravement contre les nombreux assaillants, avec les 28 hommes qui formaient toutes les forces dont il pouvait disposer. »

On ne peut s'expliquer que par la terreur qu'imprimaient ses corsaires sur toute l'Europe, que ce nid de forbans ait, pendant de si longues années, mis à contribution ainsi les nations chrétiennes ; on se l'explique encore par les divisions qui existaient entre elles et dont les africains profitaient habilement, et aussi par le manque de marine longtemps à peu près général chez les nations civilisées, tandis que les états barbaresques, et Tunis en particulier, en possédaient de puissantes parfaitement armées et montées par des marins qui ne redoutaient rien ; que l'appas du gain, de la luxure, et le fanatisme animaient des sentiments les plus farouches.

Mais, nous arrivons à une époque où ces moyens barbares et sauvages de vivre aux dépens des autres nations devaient cesser d'exister : A la chute de Napoléon le traité de Vienne abolit la course et l'Angleterre se chargea de signifier cette décision aux Etats barbaresques et notamment à Tunis.

« Lord Exmouth [1], après avoir frappé de terreur le

1. Annales tunisiennes, p. 309.

divan d'Alger, qui, sur sa demande, avait donné la liberté à 1,500 chrétiens, venait à Tunis, pour signifier au gouvernement de la Régence, ainsi qu'il l'avait fait à Alger et allait le faire à Tripoli, que, par décision du congrès de Vienne, la course était à jamais interdite aux armements barbaresques. Le 12 avril, l'amiral descendit à terre et se rendit aussitôt avec le consul anglais au Bardo, où il eut une longue conférence avec le Bey, il y réclama péremptoirement l'abolition de la course, l'affranchissement sans rançon de tous les esclaves Sardes, y compris ceux enlevés récemment à St-Antioche, celui de tous les esclaves napolitains, et demanda qu'un traité de paix fut négocié, sans retard avec la Sardaigne et Naples. »

Après bien des atternoiements, des difficultés soulevées par le Bey, redoutant les conséquences les plus graves que pourrait entrainer son refus, la Régence s'exécuta : 300 sardes furent affranchis sans rançon et 500 napolitains moyennant un prix convenu et un traité fut signé avec la Sardaigne et Naples.

Cette rude leçon abaissa l'orgueil du Bey, rendit l'assurance aux commerçants chrétiens et releva l'abaissement dans lequel depuis des siècles le pavillon chrétien était tombé en Orient.

Toutefois, lord Exmouth, avait oublier les esclaves Toscans et Romains dans les bagnes de la Régence. L'amiral prétendit malheureusement qu'il n'avait pas d'ordre à cet égard du Congrès.

2.

« Le gouvernement grand-ducal[1], justement préoccupé du sort de ses malheureux sujets retenus dans les bagnes de Tunis, ouvrit des négociations directes avec la Régence, pour obtenir leur liberté ! A cet effet, deux agents officiels arrivèrent à Tunis ; et peu de temps après, grâce à l'intervention officieuse du consul général de France, ils purent obtenir d'abord l'échange des esclaves respectifs, et négocièrent ensuite avec quelques chances de succès les bases d'un traité de paix. Mais tous leurs efforts vinrent échouer bientôt après contre le mauvais vouloir des ministres du Bey, auxquels les présents offerts par la Toscane, et consistant en bijouterie et horlogerie, parurent de trop peu de valeur. Ces négociations obtinrent, cependant une trêve de deux ans. Quant aux esclaves romains, au nombre de 60 environ, leur affranchissement n'eut lieu qu'un peu plus tard. Ce résultat, il faut le reconnaître, fut obtenu par lord Exmouth, mieux conseillé, cette fois, qui, d'Alger, où il s'était rendu de nouveau avec son escadre, avait écrit au Bey, pour lui demander la délivrance de ces malheureux. Sidi Mahmoud, plus conciliant encore qu'il ne l'avait été, depuis les récents évènements d'Alger, s'empressa d'obtempérer à cette demande ; et, au mois d'octobre, une frégate anglaise, expédiée de Gibraltar, vint embarquer à Tunis les sujets romains qui y étaient encore retenus au bagne. »

C'est ainsi que prit fin cette coutume contraire au droit des gens, et qui avait pendant des siècles procu-

1. Annales tunisiennes. p. 324.

ré le plus clair de leurs ressources aux états barbaresques.

« Renonçant tout-à-fait à la course [1], le gouvernement de la Régence convertit ses armements en bâtiments marchands qui commencèrent alors à faire une concurrence sérieuse au commerce étranger engagé dans le pays. »

Mais privé des produits de la course, le Bey de Tunis recourut à une foule de moyens de se procurer de l'argent qui n'étaient guère plus loyaux et non moins désavantageux au commerce européen ; notamment le système des monopoles ; qui devait en peu de temps amener la ruine de ce pays jadis si riche et si florissant.

« Depuis l'abolition de l'esclavage, dit toujours M. Alphonse Rousseau, source principale de la richesse du trésor public, le gouvernement tunisien avait dû chercher ailleurs les moyens de combler le vide de ses caisses, et il avait cru le trouver en monopolisant, à son profit, tous les produits destinés à l'exportation. Des conseillers, dont l'ineptie n'était égalée que par l'imprudence, poussaient le Bey dans cette voie ruineuse, dans l'espoir de trouver à tout prix les ressources destinées à payer les prodigalités de la cour, qu'ils n'osaient condamner. Aussi, le pays est-il tombé, dès la première application de ce système, dans une crise fâcheuse, qui ne fit qu'empirer d'année en année. »

D'un autre côté l'énormité des impôts, les exactions

1. Annales tunisiennes, p. 331.

opérées par Sidi Hosseim, bey du camp sur les arabes pour en tirer des sommes exorbitantes contribuèrent aussi à apauvrir l'état et à amener une ruine complète.

Il faut aussi ajouter que les nations européennes s'affranchirent naturellement des redevances qu'elles payaient autrefois, avant le congrès de Vienne à la Régence.

L'amiral Van Braam, au nom du roi des Pays-Bas, déclara au Bey que son maître était décidé à s'affranchir désormais des redevances stipulées par les traités antérieurs offrant de payer au gouvernement tunisien les arrérages de ces redevances s'élevant à 50,000 piastres fortes. Toutefois, quelques nations continuèrent à payer leurs redevances jusqu'à la conquête de l'Algérie par la France, notamment le Danemark, qui tous les 5 ans fournissaient du bois de construction, de la poudre, du goudron, des cordes, etc., et de nombreux et riches cadeaux. — La Toscane elle aussi continua à payer une redevance montant à 1,500 piastres, ainsi que la Suède, en 1827, qui, outre une grande quantité de bois de construction, envoya 128 pièces de canons, avec leurs affuts.

Quoi qu'il en soit, la Régence n'avait pas accepté de bon cœur de voir ainsi tarir la grande source de ses finances et continuellement elle tentait de s'affranchir des obligations que l'Europe lui avait imposées. Il fallut de nouveau lui signifier que la course était abolie à tout jamais.

« La question de réprimer les pirateries[1] des barbaresques avait été sérieusement discutée par les grandes puissances de l'Europe, dans les conférences tenues à Aix-la-Chapelle. Pour atteindre ce but, les puissances résolurent d'adresser d'énergiques représentations aux régences, en leur déclarant que si elles persistaient plus longtemps dans un système d'hostilité contre tout commerce pacifique, leur existence serait sérieusement compromise, car les états de l'Europe, ligués ensemble, étaient déterminés à en finir, une fois pour toutes, avec cette situation anormale. Telle fut la substance du protocole arrêté sur ce point le 18 novembre 1818. »

La France et l'Angleterre furent, à cause de leur influence sur les états barbaresques, chargées de notifier cette décision au Bey de Tunis ; qui, intimidé par la démonstration de ces deux puissances, après avoir protesté contre le reproche de piraterie, promit que dorénavant sa marine s'abstiendrait de faire des prises sur tout état qui ne serait pas en guerre avec elle. Elle s'engagea, en outre, de respecter désormais les traités existants et les principes admis par toute l'Europe civilisée du droit des gens.

Mais ce ne fut en réalité qu'à la conquête de l'Algérie par l'armée française que cessa définitivement la course.

Soit peur, soit haine du Dey d'Alger qui continuellement avait fait des guerres plus ou moins justes à la Régence, le Bey de Tunis garda pendant toute la durée

---

1 Annales tunisiennes, 334.

de l'expédition une neutralité que l'on pourrait presque
dire amicale à notre égard.

« On cherche, avait dit le Bey à M. de Lesseps notre
« consul général à Tunis, malgré tous mes soins, malgré
« mes déclarations publiques et souvent répétées au
« sujet des torts du Dey d'Alger et de la justice de la
« cour française, à donner une fausse interprétation à
« mes sentiments. Il m'importe de la rectifier : je veux
« conserver une attitude complètement neutre dans la
« guerre qui se prépare, et pourtant mes vœux sont
« certainement pour le succès des armes de la France,
« la plus puissante, comme la plus sincère alliée de
« mon pays. Le Grand-Seigneur, dit-on, vient, à son
« tour, de déclarer la guerre à la France ; eh bien ! mon
« système de neutralité est si fermement arrêté, que,
« dans cette circonstance encore, si le gouvernement
« turc m'envoyait cent firmans pour m'enjoindre de
« prendre parti pour lui contre mon alliée, s'il m'expé-
« diait, dans ce but, cent messagers et émettait cent
« proclamations, je n'obéirais point aux premiers, je
« serais sourd aux avis de ses envoyés, et j'empêcherais
« la publication de ses appels aux armes. Je m'expose,
« je le sais, par cette attitude, à de grands dangers ;
« mais je me jette avec confiance dans les bras de la
« France, certain qu'elle ne m'abandonnera pas au jour
« du péril, et je ne désire rien autant que le châtiment
« exemplaire de son injuste agresseur, le dey d'Alger. »

Mais, comme nous l'avons dit plus haut, cet état de
choses, en supprimant de grandes sources de revenus de

la Régence, devait amener la pénurie du trésor ; et comme le Bey ne supprima pas ses dépenses en même temps que ses ressources disparaissaient, il devait bientôt s'en suivre un ambarras financier considérable sinon irrémédiable.

« L'insouciance du Bey, dit toujours M. Rousseau [1], pour tout ce qui touchait à l'administration du pays, le peu de souci qu'il prenait de réprimer les abus et les concussions qui se multipliaient avec la dernière impudence ; les mœurs déréglées des familiers du palais, les goûts fastueux du prince, les prodigalités avec les femmes de son harem, tout enfin avait amené une crise financière des plus effroyables. Les gens sages avaient, depuis longtemps, entrevu les dangers qui se produisaient et ils avaient vainement tenté de les conjurer par leurs conseils.

On avait ri de leurs sinistres avertissements, et les désordres n'avaient fait que s'accroître. Bientôt, les embarras commmencèrent ; le trésor était épuisé, et pour comble de malheur, les récoltes avaient partout manqué. Dans cette extrêmité, le Bachi Mamlouk, qui ne savait rien refuser à son maître et n'avait pas l'énergie nécessaire pour l'arrêter dans la voie où il était engagé, dut chercher les moyens de parer aux difficultés de la situation. Il songea à l'emprunt et il y recourut en effet ; ce moyen devint bientôt insuffisant ; il escompta alors le produit des récoltes et en toucha le prix par anticipation,

1 Annales tunisiennes, 281.

léguant de la sorte à l'avenir l'embarras du présent, comme si cet avenir devait être plus brillant et plus prospère que ce funeste passé. »

C'est en vain que Chakir, Sahab el-Taba, c'est-à-dire garde des sceaux tenta de rétablir les finances de la Régence en versant de ses propres deniers un demi million de piastres et en invitant tous les hauts fonctionnaires et les notables du pays à imiter son généreux désintéressement. — Par ce palliatif, les coffres du Bey se remplirent ; — mais les créanciers ne purent être désintéressés ; on prit des attermoiements onéreux ; ils devaient être payés en 4 termes. — Toutefois, par des mesures d'économie, la prospérité rentra momentanément dans la régence et l'on prétend même « qu'Amed, l'un des Beys les plus remarquables de la dynastie Husseinite, actuellement régnante, malgré de grandes dépenses de luxe, et aussi d'utilité, laissa à sa mort (30 mai 1855) un trésor de plus de 200 millions de piastres, soit environs 120 millions de francs[1]. » Ceci nous semble fort exagéré ; en effet où aurait-il eu cette somme considérable pour un si petit état, la course n'existant plus, les impôts ne rendant que peu en définitive dans un pays où l'agriculture est à l'état rudimentaire, l'industrie nulle et le commerce entravé par les droits de sortie ?

Quoi qu'il en soit, son successeur Mohameh-le-Magnifique devait se charger de mettre de nouveau le *trésor à sec* et consommer la ruine depuis si longtemps

1 La Tunisie (Edmond Desfossés).

menaçante. Après cinq ans de règne il laissait plusieurs millions de dettes à celui qui devait venir après lui.

Il lui léguait aussi l'obligation de réparer l'ancien aqueduc de Carthage :

« Œuvre difficile et coûteuse, mais d'une incontestable utilité, dit M. Desfossés, puisque Tunis et ses environs, autrefois privés d'eau, en sont maintenant inondés. Peu d'argent a été versé, mais beaucoup de teskérès (bons du trésor), délivrés comme espèces, ont été mis en circulation et souvent renouvelés, *pro parte*, ce qui augmenta encore la dette et les embarras du trésor. »

« D'où il suit qu'à son avènenent (21 septembre 1859) le Bey actuellement régnant, S. A. Mohammed-Essadock, se trouva débiteur de sommes considérablss et exigibles. »

Il arriva alors la contre-partie de ce qui avait eu lieu pendant tant de siècles, ce fut la Tunisie qui fut exploitée par l'Europe.

Les prêteurs se présentèrent au Bey et lui offrirent de l'argent, qu'il ne pouvait guère, dans son malheur, se dispenser d'accepter. Un premier emprunt de 35 millions fut contracté avec la Banque Erlanger, de Paris, en mai 1863.

Mais il ne reçut pas cette somme, loin de là. Il ne toucha, chose incroyable à dire, que 5,640,000 francs en espèces. Le reste lui fut livré « en chose d'une utilité fort contestable [1], » qu'on passa en commissions et en

<hr>

[1] La Tunisie par Edmond Desfossés.

frais de toute nature ; de sorte que le Bey n'obtint pas la somme sur laquelle il comptait.

Cet emprunt fut garanti par l'impôt de capitation, que le Bey crut devoir doubler afin de ne pas diminuer ses revenus.

Ce qui amena cette terrible insurrection de 1864 qui a tant ému l'Europe.

Et à la suite de cette insurrection le caïd Nessim Chemama, trésorier des finances, s'enfuit à l'étranger, au mois de juin de la même année, laissant un déficit énorme (25 millions).

« Un second emprunt devint donc nécessaire [1] : celui de février 1865, souscrit par MM. d'Erlanger, Morpurgo et Oppenheim, et émis par le comptoir d'escompte ; commissions et intérêts payés, dette flottante éteinte, en grande partie du moins, des 26 millions de cet emprunt c'est à peine s'il en entra quelques-uns dans le trésor du Bey. »

En dehors de la dette extérieure créée par ces deux emprunts il existait aussi la dette intérieure ; elle montait à 40 millions. « C'était la conversion [2], en obligations à long terme. Par quatre opérations successives, de teskérès, de bons d'exportation des récoltes futures, de ventes par anticipations d'impôts en nature qui n'avaient pas été intégralement perçus, etc., titres arrachés à la faiblesse, ou obtenus aux plus dures conditions du gou-

1. La Tunisie par Edmond Desfossés.
2. Même auteur.

vernement du Bey dans les moments d'épuisement ou de désarroi général, grossis d'intérêts ou d'agios scandaleux et qui ne représentaient pas seulement 10 millions effectivement payés. » De sorte qu'au fur et à mesure que les ressources de la Régence s'amoindrissaient, les dépenses et conséquemment la dette augmentaient. La régence aurait-elle pu éviter cet état des choses ? Evidemment oui, puisque le garde des sceaux Chakir et plus tard le bey Ahmed l'avaient tenté non sans succès. Mais il aurait fallu modérer les dépenses et les bons sur le produit des impôts ; il aurait fallu aussi ne pas augmenter les impôts d'une manière exagérée ; — il aurait fallu surtout ne pas se laisser exploiter par tous les faiseurs européens.

En présence de cette ruine à peu près complète il fallut bien que l'Europe avisât.

Une commission fut nommée afin d'examiner les droits des créanciers et les ressources du pays.

La France, l'Angleterre et l'Italie, les principales intéressées dans les emprunts tunisiens, furent invitées par le Bey à désigner des membres qui feraient partie de cette commission : ce fut l'objet du décret du 6 juillet 1869 modifié par l'arrangement du 23 mars 1870.

Cette commission avait pour mission :

1° De dresser le bilan de la dette tunisienne, tant à l'intérieur qu'à l'extérieur ;

2° De procéder à la liquidation et à l'unification de cette dette ;

3° De créer le Grand-Livre de la dette et en délivrer des obligations en paiement ;

4° D'organiser et de contrôler la perception des revenus qui leur étaient concédés par le Bey ;

Et enfin 5° d'arriver par le rachat des titres à l'amortissement de la dette.

La commission étant constituée :

« Son soin principal [1] a été celui de s'assurer d'abord du chiffre de la dette flottante. A cet effet, il fit les publications prescrites par l'art. 5 du décret et fixa un terme aux porteurs de titres de cette catégorie pour se présenter, afin d'être admis, s'il y a lieu, comme créanciers de l'Etat. Ce terme a expiré le 31 janvier dernier 1870, et dès lors le comité exécutif a pu constater que le chiffre des teksérès de tout genre, présentés comme faisant partie de la dette flottante, s'élève à la somme de 55 millions de francs.

Cette somme a été provisoirement enregistrée pour être contrôlée, aux termes de l'art. 5 du décret, et après un examen conciencieux de la nature des titres représentatifs de cette catégorie, le comité exécutif a recherché les moyens d'établir une répartition équitable des revenus publics, en tenant compte dans une juste proportion de tous les intérêts, et de dresser un tableau des revenus qui pourraient être ajoutés à l'ensemble des garanties déjà attribuées aux créanciers de l'état, aux termes de

1. Rapport de la commission. — Note.

l'art. 7 du décret. Il est résulté de son examen que la dette locale de la Tunisie était arrêtée à la date du 20 février 1870, savoir :

Emprunt de 1863..................	66,064,000
— de 1865..................	
Première conversion	
Deuxième conversion	39,112,800
Troisième conversion..............	
Quatrième conversion..............	
Dette flottante ci-dessus arrêtée.....	55,000,000
Total......	160,176,800

Sommes auxquelles il convient d'ajouter le montant des coupons non soldés à l'échéance ; tant pour les deux séries d'emprunt de 1863 et 1865 que pour les quatre catégories de conversion.

Mais quelles étaient les ressources de la Régence en présence d'une dette aussi considérable ?

Les travaux de la commission ont eu pour résultat d'établir que ces ressources ne dépassaient pas la somme de 13,500,000 fr. en y comprenant les revenus hypothéqués à ses créanciers. La commission a reconnu que cet état, en réduisant ses dépenses aux dernières limites de l'indispensable, avait besoin de 6,500,000 fr. par an.

Mais d'un autre côté, pour le service des emprunts de Paris, y compris l'amortissement, il

fallait..................	8,200,000
Pour les différentes conversions.....	4,240,000
Et pour la dette flottante..........	7,055,370
Soit au total...	19,495,370

Il en résulte, clair comme le jour, que la Régence n'était pas en état de satisfaire à ses obligations. — C'est de cette situation qu'est née la nécessité de l'arrangement du 23 mars 1870, accepté par les deux comités et ratifié par S. A. le Bey.

Les différentes dettes, conversions et catégories ont été converties dans des proportions différentes et de telle façon qu'il n'y eût plus qu'un type unique d'obligations représentant un capital nominal de 500 fr. et donnant droit à 25 fr. d'intérêt annuel payable par semestre (au 1er janvier et au 1er juillet) à Paris, Londres, Florence et Tunis.

Un revenu de 6,505,000 fr. se décomposant ainsi est concédé aux créanciers de la Régence :

Mahsoulates de Souse et Monastir...	400,000
Rahbas de Tunis	97,000
Douane de Tunis importation.......	500,000
Droits de Karroube à Tunis	100,000
Douane de Sfax....................	45,000
— de Gabes	8,000
— de Souse Monastir et Mehdia	25,000
Fermage des tabacs	220,000
Droits sur les vins à Tunis.........	55,000
Marché au bois et au charbon.......	45,000
Fermage du plâtre	60,000
— des poulpes et éponges.....	55,000
— du sel....................	110,000
A Reporter......	1,720,000

Report......	1,720,000
Mahsoulates de la Goulette.........	20,000
Kanoun des oliviers de Souse......	
— — de Monastir ...	
— — de Morca......	850,000
— — de Sfax......	
— — de Ouaten e-Kobli	150,000
Mahsoulates et douanes de Gerbia...	90,000
Droits sur la pêche du corail.......	8,000
Droits d'exportation..............	2,640,000
Octroi........................	350,000
Droit du timbre	300,000
Ferme du poisson..............	100,000
Mahsoulates de Biseite	80,000
— de Sfax	100,000
— de Ouaten-e-Kobli.....	85,000
— de Mehdia	12,000
Soit en total....	6,505,000

La commission arrêta le nombre des obligations à
250,000 de 500 fr. formant une dette totale unifiée de
125 millions de francs que devaient desservir ces
6,505,000 fr., décidant que si ces revenus augmentaient
tout le surplus jusqu'à la somme de 8,000,000 fr. servirait à amortir la dette par la voie du rachat au cours du
jour, et que tout ce qui dépasserait ces 8 millions de revenus serait également partagé entre l'état et ses créanciers ; que la part revenant à ces derniers servirait encore

à l'amortissement de la dette et que celle afférente à l'état serait employée en travaux d'utilité publique.

Le gouvernement s'engageait à l'endroit des trois puissances étrangères créancières à persévérer dans les errement indiqués par le décret du 5 juillet, et de maintenir les dépenses dans les limites des crédits ouverts par le budget, qui serait proposé chaque année par le comité exécutif.

II

Des moyens à prendre par la Régence pour se procurer les ressources nécessaires à l'extinction de la dette et à son propre entretien.

Nous avons vu que par suite de la suppression de la Course amenée par le congrès de Vienne et surtout par la conquête de l'Algérie, la Régence de Tunis ne rentrant pas dans la voie d'économie nécessitée par cette nouvelle situation, avait été entraînée à contracter des emprunts onéreux ou pour mieux dire ruineux qui avaient amené pour elle un état de gêne à peu près au-dessus de ses forces.

Nous avons vu qu'une commission financière nommée par les trois Etats les plus intéressés et acceptée par le Bey, avait, en convertissant les dettes et les unifiant, ramené les charges dans une mesure plus supportable, et nous dirons plus équitable, car elle n'avait profité qu'à un faible degré de ces différents emprunts qui pour une minime portion, avait servi au paiement des dettes flottantes et à l'alimentation de son trésor.

La Régence avec un revenu de 13,500,000 fr. est dans la nécessité de servir des arrérages montant à 6,505,000 francs, ce qui évidemment est une charge bien lourde.

Car outre que c'est 50 0/0 de son revenu, ce que bien peu d'états d'Europe seraient en état de supporter, si l'on considère qu'il peut arriver des mauvaises années tant sous le rapport des récoltes que sous celui du commerce, il faut convenir que le cas échéant la Régence serait dans l'impossibilité absolue de remplir ses obligations au vis-à-vis des trois puissances amies et au vis-à-vis de ses créanciers ; ce qui est déjà arrivé, puisque le Bey s'étant engagé à parfaire cette somme de 6,505,000 francs en cas d'insuffisance, a plusieurs fois été dans la nécessité de le faire. « Depuis sa création, à « l'exception des deux exercices 1853 et 1855, qui n'ont « pas donné cependant une récolte complète, la com-« mission n'a jamais eu le bonheur de pouvoir payer « entièrement le coupon avec le produit des revenus « concédés, et elle a dû recourir au gouvernement, qui « pendant les trois derniers exercices a dû subvenir « pour une somme de 7,324,250 piastres. » (Lettre de MM. Azuelas et Lévy, membres anglais du comité de contrôle, 22 octobre 1876).

L'exercice de 1876-1877 n'a pu non plus être parfait sans une somme de 3,482,735 piastres que le Bey a été obligé de fournir de ses propres deniers. C'est environ pour ces six premières années un déficit de 6,484,200 fr. soit 1,080,700 fr. par an. Les charges imposées à la Régence sont-elles donc au-dessus de ses forces, — est-il impossible de prévoir un avenir où les dépenses seront équilibrées, où le Bey pourra non-seulement payer les arrérages de sa dette sans prélever sur les revenus réservés de l'Etat, mais où il pourra même amortir et éteindre la dette ?

Au premier abord cela semble difficile ; mais quand on réfléchit que ce petit Etat est doué d'une fertilité sans rivale ; qu'après tout sa dette n'excède en rien ce que bien d'autres populations égales et d'autres pays moins étendus et moins bien doués supportent facilement on ne doit pas désespérer.

La Tunisie comparée à la France, par exemple, supporte une charge infiniment moins grande que celle de cette nation. En effet, d'après certains géographes la Régence renferme 1,000,000 d'habitants, selon d'autres 2 et même 3 et plus, en prenant la moyenne, 2,000,000, nous trouvons que sa dette de 125 millions ne donne que 62 fr. 50 par tête, tandis qu'en France chaque habitant supporte une dette de plus de 500 fr. Si l'on compare l'étendue des pays on arrive à une comparaison encore plus avantageuse pour la Tunisie.

Cet Etat possède 17 millions d'hectares en étendue dont 3 millions pourraient être défrichés ; — la France possède 52 millions d'hectares dont 34 millions environ de défrichés. Ce qui donne pour la Tunisie pour chaque hectare défriché ou qui pourrait l'être une dette de 41 fr., et pour la France une dette de plus de 500 fr. par hectare défriché, et encore n'avons nous pas compris pour la Régence les vastes plantations d'oliviers qui existent sur ce sol.

Mais dans la Régence l'agriculture est à l'état rudi-

mentaire, et sur les 3 millions d'hectares qui pourraient être défrichés, un seul million l'est seulement. Il s'en suit de là que tout périclite, car pas d'agriculture, pas de de commerce ni d'industrie, et pas de commerce ni d'industrie, pas de revenu pour l'Etat.

C'est donc dans cette voie qu'il appartient à l'Europe de pousser la Régence, si elle veut la régénérescence de ce pays et partant récupérer ses avances.

« La vaste étendue de terre cultivable que nous venons d'indiquer est à peine entamée par une culture sérieuse ; et c'est à peine si cent mille hectares sont livrés à la production [1]. »

Il y a donc beaucoup à faire, et c'est là qu'est le nœud de la question ; dans ces temps derniers l'on avait parlé de l'annexion de la Régence à l'Algérie comme moyen radical de sauvegarder les intérêts des créanciers français et mêmes étrangers. Il est certain que ce serait une mesure radicale ; mais outre que cela serait peu généreux à l'égard d'un pays qui nous a montré au moment de la conquête d'Alger tant de sympathie, sympathie qui ne s'est pas démentie un instant depuis cette époque ; cela éveillerait des susceptibilités dont nous n'avons que faire surtout en ce moment. Voici en effet ce que disait un journal italien à cette occasion [2] :

« La troisième République française ne sera-t-elle donc pas plus sage que la seconde ? Les républicains

1. L'Afrique au xixe siècle, par Vic. Kersanté.
2. La Gazetta d'Italia.

français n'ont-ils donc pas appris, nonobstant tant de désastres, à se préoccuper moins des choses d'autrui ? Quand la France de Louis-Philippe s'empara de l'Algérie, non-seulement elle suscita la jalousie de l'Angleterre, mais en pratiquant elle-même le vieux droit barbare de conquête, elle n'eut plus la force morale de protester contre les conquêtes de la Russie. La conquête de l'Algérie par les Français assure à la Russie la conquête du Caucase.

« Si demain la France affirmait son protectorat sur la Tunisie, de quel droit pourrait-elle protester contre la prétention de la Russie au protectorat de la Bulgarie ? Nous voulons espérer qu'il est encore temps d'éclairer les hommes politiques de France sur une question aussi délicate et aussi pleine de péril. »

Nous aussi nous croyons qu'il y a autre chose à faire pour nous en Tunisie que la conquête ; mieux vaut pour nous un voisin animé de sentiments amicaux à notre égard, que d'ajouter à notre domination d'Afrique une province de plus, plus ou moins bien soumise et qui pourrait en cas de guerre européenne être pour nous un ambarras ajouté à tant d'autres. Evidemment le droit absolu de tout créancier est de saisir les biens de son débiteur ; mais à ce compte l'Angleterre et l'Italie ont les mêmes droits. Qu'arriverait-il si ces puissances manifestaient l'intention d'exercer ce droit ?

Mais si nous repoussons l'annexion par quelque voie que ce soit, nous croyons que la République a le droit

4

et le devoir de civiliser la Régence, car, de son degré d'avancement dépend la sûreté de notre créance ; et les deux autres nations créancières ne pourraient voir d'un mauvais œil que nous donnions plus de valeur au gage de leurs créances.

En effet, c'est par la civilisation, c'est par l'enseignement rationnel des bonnes méthodes de culture que la Régence sortira de son effondrement. Si nous considérons la Tunisie sous le rapport géologique, nous remarquons ce qui suit :

« Le sol, dit M. de Charencey [1], généralement calcaire ou marno-argileux, se trouve le long des côtes recouvert d'une épaisse couche de terre végétale à laquelle il doit sa merveilleuse fertilité. Ce qui caractérise l'intérieur du pays c'est une suite de collines élevées, qui lui donnent quelque chose de la physionomie des Highlands d'Ecosse. Dans le Biloul-Djéric, l'œil n'aperçoit que des plaines de sable mouvant entrecoupées d'oasis et semées çà et là d'affleurement de sel gemme, de chaussées basaltiques, de troncs d'arbres pétrifiés »

« Toutes les cultures de pays chauds, le tabac, la garance, le figuier de Barbarie, le henné, le coton et même la canne à sucre réusissent à Tunis. Au nombre des arbres fruitiers les plus répandus, nous devons citer l'oranger, le figuier, le limonier, l'abricotier qui donne des produits de qualité supérieure. Les oliviers du nord de la Régence, dont les premiers plans furent, dit-on,

1. La Régence de Tunis.

apportés par Annibal, fournissent une huile qui serait excellente si les habitants savaient la préparer. Les raisins surtout sont magnifiques. L'on n'a malheureusement pas songé encore à faire du vin. De nombreux champs de blé, de dourrah ou millet blanc se voient aux environs des villes. Enfin les bords des rivières sont couverts de plantations de riz et de pastèques. Dans les régions du sud, la culture principale est celle du dattier. Cet arbre exige peu de soins, vit près de deux siècles et se propage surtout par bouture. Les Arabes d'Afrique possèdent, ainsi que leurs frères d'Asie, l'art de féconder les grappes des fleurs femelles en agitant au-dessus une grappe d'un dattier mâle. La datte constitue le fond de l'alimentation de tous les bédouins. Plusieurs tribus la réduisent en une espèce de pâte qui, pour elles, remplace le pain. Les jeunes pousses du dattier s'accomodent en salade. La moëlle de cet arbre passe pour un mets délicat. Enfin des incisions que l'on pratique chaque printemps à la base de sa couronne de feuilles sort un liquide qui acquiert en fermentant la saveur du cidre. »

Nous laisserons de côté la culture du dattier qui est un produit tout local et qui n'aurait qu'un faible débouché en Europe pour ne nous occuper que de ce qui peut devenir une source intarissable de revenus pour le trésor de la Régence.

En première ligne nous mettrons la culture du blé et des autres céréales qui, produits en grande quantité, trouveraient en Europe un grand écoulement malheu-

·reusement trop assuré. Mais, pour cela, il faudrait que le Tunisien abandonnât la méthode arriérée de culture qui consiste à cultiver la terre sans aucune réglementation, ensemençant plusieurs années de suite les mêmes terres des mêmes céréales, sans s'inquiéter de la nécessité où est le cultivateur de restituer au sol ce que la culture lui a pris.

« En Tunisie [1], les terrains son tellement vastes, pour une culture peu étendue, qu'on y remarque une absence totale d'assolements, c'est-à-dire, de cette alternance, si précieuse en agriculture, qui veut qu'une terre qui a produit une récolte d'une certaine espèce, n'en soit plus ensemencée qu'après un nombre d'années déterminé et réglé sur sa fertilité.

« Cette alternance ou assolement repose sur ce fait : que chaque espèce de plantes agricoles puise dans la terre les sucs qui lui conviennent, y laissant intacts d'autres sucs dont se nourrit une plante d'une espèce différente. Et cette alternance empêche l'épuisement de la fertilité du sol.

« Cette loi sera strictement observée aussitôt que le droit individuel et sérieux de propriété aura été régularisé, et que le cultivateur aura la certitude que, dans la fecondité de la terre qu'il cultive, réside le trésor de son avenir. Il apportera tous ses soins à maintenir cette fécondité et à s'instruire sur ses principes les plus indispensables de l'agriculture pratique. On verra les pro-

1. L'Afrique au XIXᵉ siècle, par Vic. Kersanté.

priétés individuelles se limiter, se circonscrire et s'orner de constructions et de plantations de toute nature.

« Et, si le droit de propriété était étendu aux étrangers, comme le commande l'avenir brillant de la Régence, les colons arriveraient en foule sur cette terre d'élite ; y donneraient l'exemple des bonnes pratiques et des meilleures méthodes agricoles ; l'exemple donné serait suivi ; et très-promptement l'agriculture, pour laquelle ce pays semble créé, et qui est la base indiscutable de toute prospérité nationale, y serait florissante et forte. »

Mais, outre les méthodes d'assolement enseignées par l'état, outre l'autorisation donnée par le gouvernement aux étrangers de posséder, et partant l'établissement du droit de propriété tel qu'il existe en Europe, l'on devra aussi s'attacher à propager les bons instruments aratoires. Actuellement ils sont dans un état tellement primitif que nos paysans seraient dans une incapacité absolue de s'en servir.

« En voyant opérer les labours [1], qui ne sont qu'une déchirure superficielle de la surface du sol, et le battage des grains au galop des mulets, on est surpris du rendement des récoltes obtenues par ces moyens rudimentaires, et l'on prévoit ce que serait le produit, dans ce pays, d'une culture faite dans les conditions actuelles de la véritable science agronomique ! »

A côté de la culture du blé nous devrons enseigner à

1. La Tunisie par Vic. Kersanté.

la Tunisie la culture de la vigne. Cet arbuste y vient merveilleusement ; mais le produit ne sert que d'aliment et le cultivateur ne sait pas encore en faire du vin. Or ce serait là évidemment une source infinie de revenus. Jusqu'ici le tunisien, observateur fidèle de la loi de Mahomet, ne se sentait pas dans la nécessité de livrer à la fermentation le jus du raisin, qui était consommé en nature sur place ; mais, aujourd'hui que ses relations se sont établies avec toute l'Europe, il doit comprendre qu'en fabriquant du vin, il ouvrira, pour son trésor, une source incalculable de revenus.

En troisième lieu vient la culture de l'olivier. Il importerait d'enseigner à l'habitant les méthodes rationnels de faire de la bonne huile ; là encore il trouverait une source de revenu ; le débouché de ses produits étant assuré en Europe.

En quatrième lieu viendrait le coton.

« Le coton [1], dont l'Amérique a le monopole, et qui constitue aujourd'hui la matière première la plus indispensable pour l'alimentation de la majeure partie des industries Européennes, prospère en Tunisie, aussi bien que dans les meilleures contrées américaines ; et il y présente des produits d'une qualité supérieure.

« Aussi, l'Angleterre, si attentive à sauvegarder les intérêts économiques de ses peuples, n'a-t-elle cessé de solliciter le droit de propriété individuel, en Tunisie, au profit des étrangers, pour y envoyer de suite des

1. La Tunisie par Vic. Kersanté.

pionniers de la culture cotonnière, destinés à l'exploiter sur une grande échelle. »

« Et l'impôt que la Régence aurait le droit d'asseoir, comme nous l'avons dit, non sur le produit insaisissable, mais sur le territoire ainsi amélioré, constituerait déjà pour le trésor national une source de revenus fixes annuels, et non aléatoires, d'une grande importance ; et ces revenus sérieux proclameraient moins que toutes les théories creuses, que la liberté et la protection publique du travail, quelqu'en soit le soldat, sont les éléments fondamentaux de la fortune nationale. »

En cinquième lieu viendrait la canne à sucre. Cette culture devrait admirablement réussir dans ce fertile pays. Quelques essais faits par le général Khérédine donnent, par ses brillants résultats, tout lieu d'espérer qu'il y a là toute une fortune pour la Régence.

En sixième lieu la culture du mûrier devrait aussi être encouragée.

« Des expériences [1] d'une longue haleine ont démontré non-seulement que ce produit s'y maintient abondant, mais aussi qu'il est éminemment propre à l'alimentation du vers à soie ; que ce vers précieux y prospère bien ; s'y conserve sain et exempt de maladie, malgré les imperfections de l'installation, avec une permanence qui ne se dément pas. »

Il est certain que la production en grand, à deux pas

1. La Tunisie par Vic. Kersanté.

de la France, du cocon, que nous sommes obligés d'aller chercher actuellement jusqu'aux confins de l'extrême Orient, augmenterait d'une façon notable les revenus de la Régence.

Outre ces différentes cultures sur lesquels nous nous sommes appesantis particulièrement, à cause de leur importance, il en est d'autres qui ne sont pas à dédaigner.

Nous citerons entr'autres :

Le lin,

Le chanvre.

La garance.

Le figuier.

L'oranger.

La pomme de terre.

Les trèfles et sainfoins de toute nature.

Les plantes des prairies tant naturelles qu'artificielles, d'où découleraient naturellement l'élevage des bestiaux dont l'écoulement serait assuré dans toute l'Europe.

Cet élevage comprendrait cinq races principales : bovine, ovine, caprine, chevaline et porcine. Nous savons bien que, pour cette dernière race, comme pour la fabrication des boissons fermentées, on aura à lutter contre des préjugés malheureusement bien enracinés ; mais l'éducation de cette race est d'un tel produit pour les peuples qui s'y livrent qu'il serait regrettable qu'elle fût repoussée par la Régence.

« Les races bovine et ovine sont de nature petite ; mais les sujets en sont bien conformés, et prospèrent admirablement sous ce climat [1]. »

Quant à la race chevaline, aujourd'hui négligée et à peu près généralement remplacée par l'élevage des mulets et des dromadaires ou chameaux à une bosse, elle pourrait y être élevée avec avantage ; car, autrefois, la race des chevaux *barbes*, si recherchée, y était en pleine prospérité.

Il faudrait qu'il y eût, comme en Europe, des dépôts d'étalons afin, par la reproduction, de repeupler de sujets choisis, les campagnes tunisiennes. Cette race, en effet, réunit de grandes qualités : sobriété, force, grâce et rapidité. L'Europe y trouverait là un marché à sa porte où elle pourrait puiser facilement, et les finances du Bey verraient son trésor se gonfler d'autant plus que la production serait plus grande.

Si nous insistons sur l'élevage des bestiaux et autres animaux de ferme de toute nature, c'est que l'élevage amène une quantité énorme de fumier, et que sans engrais il n'y a point de bonne culture possible. La terre rend au centuple ce que l'agriculteur lui donne ; de sorte qu'outre les revenus directs que l'élevage des bestiaux procure par la vente intérieure ou extérieure de ses produits, il donne encore des revenus indirects par l'influence fertilisante qu'il a sur la terre cultivée.

C'est donc au développement de l'agriculture que le

1. La Tunisie par Kersanté.

Bey et à son défaut les trois puissances amies devront apporter tous leurs soins ; le commerce et l'industrie s'en suivront tout naturellement, car à côté des richesses superficielles que renferment la Régence, il y a les richesses intérieures du sol.

Il renferme des mines de métaux de toute espèce : le fer, le plomb, l'argent, le cuivre se rencontrent partout. Que des ateliers, que des usines s'élèvent, et l'agriculture trouvera là toutes les ressources nécessaires pour obtenir des instruments ; et des ressources pécuniaires indispensables aux grandes exploitations.

Si toutes les richesses sont restées si longtemps inexploitées, c'est parceque, ainsi que nous l'avons dit en débutant, le tunisien, habitué à demander le bien-être au vol et au pillage, a oublié qu'en travaillant il ferait jaillir de son sol des monceaux de richesses qu'il n'avait même pas soupçonnées, et bien autrement inépuisables que celles que ses flottes faisaient jaillir des mers.

« Mais, dit-on[1], pour fonder dans un pays, sur les bases du progrès, l'industrie agricole, il faut que ce pays soit en mesure de fournir au travail la main-d'œuvre nécessaire pour remuer et transformer ce sol, et pour soutenir la marche des exploitations qui y seraient créées ! Or, les indigènes ne sont point façonnés aux travaux de longue haleine, et l'agriculture ne pourrait s'y développer, faute de bras, non plus que l'industrie !

« C'est là une grosse erreur.

1. La Tunisie par Kersanté.

« La nature des habitants de la Tunisie n'est point cette nature vagabonde et paresseuse dont on se plaît au loin à doter les populations arabes sans distinction. Si les Carthaginois ont montré aux fières armées de Rome un courage, un génie et une vigilance qui ont longtemps balancé la fortune, leurs descendants sont restés sur ce sol illustre, et leur sang coule encore dans les veines d'une grande partie de la population tunisienne.

« Aussi, l'observateur remarque-t-il dans la robuste nature de cette population engourdie, faute d'impulsion et de protection, ce cachet d'intelligence, de fierté, de finesse et de vivacité qui se révèle au contact du moindre intérêt, et qui est le signe des peuples destinés à suivre, tôt ou tard, le char du progrès. »

Nous acceptons pour partie ces judicieuses réflexions sans nous faire trop d'illusions sur les aptitudes de la race numidienne, qui a jadis tenu la tête de la civilisation, nous croyons que le tunisien, soutenu, protégé par de bonnes lois ; dirigé, enseigné par de savantes méthodes ; allégé des impôts écrasants de sortie, qui dans certains cas s'élèvent à la moitié de la valeur totale des marchandises, pourra devenir, sous l'action tutélaire des trois puissances amies, un excellent agriculteur, un habile commerçant et un vaillant industriel. Mais on ne doit pas se dissimuler qu'il faudra du temps, de la persévérance, un grand bon vouloir de la part du Bey et une remarquable somme d'énergie de la part de l'Europe. Il y aura des faiblesses à réconforter, des volontés à encourager ; des mauvaises tendances à corriger et bien des préjugés à briser. Faut-il désespérer? Non, si les puissances s'entendent. Car la Régence regorge de richesses latentes. En définitive, elle paye un faible impôt comparé à l'étendue de son sol et à sa population. En effet, chaque hectare en bloc ne supporte pas un franc d'impôt et chaque hectare cultivé ou qui pourrait l'être n'en supporte pas plus de 4 ou 5. Quant à chaque habitant il ne paye pas actuellement 7 francs. Tandis qu'en France, par exemple, chaque hectare en bloc supporte plus de 57 francs d'impôts — chaque hectare cultivé plus de 176 fr. et chaque habitant plus de 83 fr. Il y a donc de la marge, et il est certain que, si l'agriculture était remise en honneur et défendue par des règlements sages et protecteurs, si le commerce était encouragé et débarrassé des droits de sortie ; si l'industrie avait ses coudées franches et qu'il fut permis aux étrangers de posséder et de venir s'établir dans ce pays si riche en matières premières il se passerait peu d'années avant que les revenus n'aient augmenté d'une manière notable, et de façon à rendre la dette légère pour un état aussi bien doté par la nature. Tout l'avenir de la Régence gît donc dans le triple progrès agricole, commercial et industriel ou plus simplement dans le progrès agricole.

Car ainsi que nous l'avons dit l'agriculture entraîne tout à sa suite, et est la mère de toutes les sciences, de tous les progrès et de toutes les richesses.

Notez que la main d'œuvre est actuellement d'un bon marché fabuleux, ce qui changerait évidemment au fur et à mesure que le pays s'enrichirait ; mais cela pour le moment aiderait fortement à la transformation.

Moyennant 72 francs on obtient annuellement toutes les façons de la vigne ; en France cela coûte de 300 à 350 francs.

Les frais nécessités pour les céréales sont relativement plus élevés, mais encore bien moins qu'en France ; en Tunisie cela coûte 70 francs par hectare et dans nos campagnes de 160 à 180 francs.

Aussi le cultivateur pourrait arriver à obtenir des bénéfices considérables en travaillant pour l'exportation chez les nations européennes où la main-d'œuvre, étant beaucoup plus élevée, le prix de revient et conséquemment de vente des céréales est nécessairement beaucoup plus cher.

La culture se fait comme dans certaine partie de la France au moyen des bœufs qui ne coûtent que 160 fr. la paire, quand chez nous ils coûtent au minimum de 8 à 900 fr. ; les vaches coûtent 60 fr. la pièce et chez nous de 2 à 300 fr. ; les moutons 6 fr. chaque, tandis qu'en France ils coûtent de 25 à 30 fr. Il y aurait donc moyen d'organiser des exploitations à un prix bien inférieur à celui auxquelles elles reviennent dans nos départements les plus avantagés sous ce rapport.

« La Tunisie [1] douée d'institutions rationnelles ; exempte, par sa situation topographique, des troubles et des commotions qui semblent devoir, dans un temps prochain, anéantir, sous les barbaries du despotisme,

1. La Tunisie par Kersanté.

toutes les splendeurs des États européens, et gratifiée par la Providence d'un climat et d'une fertilité de production qui ne se rencontrent que très-rarement sur le globe, doit tendre sans relâche à sa régénération par l'agriculture, l'industrie et le progrès ! »

« Que S. A. le Bey reprenne la tâche des réformes commencées ; qu'il appuie ses efforts sur le concours dévoué d'hommes de savoir, de probité, d'énergie et d'honneur ; qu'il s'inspire aux lumières des expériences acquises et des nécessités de l'époque, pour diriger ses pas dans la voie salutaire des réformes et des améliorations nationales ; et qu'il les accomplisse, ensuite, avec la fermeté et l'ardeur que donne aux natures supérieures la conscience du bien public ; et dans peu d'années, comme nous l'avons dit, la Régence aura changé de face. »

Mais pour arriver à cette prospérité nous ne saurions, en terminant, trop répéter que le nœud de la question est dans l'autorisation par la loi, aux Européens, de posséder des terres dans le Régence ; et dans celle d'élever des usines dans toute l'étendue du territoire ; comme aussi dans l'affranchissement de tout impôt des marchandises à leur sortie.

En un mot, dans l'adoption des grandes lois douanières et territoriales des peuples civilisés. Autrement, sans cela, le commerce écrasé, l'agriculture non enseignée et partant non soutenue, l'industrie sans développement et se mourant d'atonie ; péricliteront éternellement. Pour nous résumer en une seule phrase : Les finances de la Régence ne naîtront, ne grandiront, ne prendront tout leur épanouissement, que si la terre vierge mais aux puissantes mammelles de la Tunisie est fécondée par le souffle générateur des peuples policés !

ARCIS-SUR-AUBE. — IMPRIMERIE LÉON FRÉMONT.

www.ingramcontent.com/pod-product-compliance
Lightning Source LLC
LaVergne TN
LVHW011354170726
843501LV00006B/1829